고별

인문학 시인선 028

고별

김춘호 제3시집

제1쇄 인쇄 2025. 3. 5
제1쇄 발행 2025. 3. 10

지은이 김춘호
펴낸이 민윤식
펴낸곳 인문학사

등록번호 제 2023-000035
서울시 종로구 종로19(종로1가) 르메이에르빌딩 A동 1430호
전화 : 02-742-5218

ISBN 979-11-93485-25-5 (03810)

ⓒ김춘호, 2025
Printed in Seoul, Korea

*잘못 만들어진 책은 본사나 구입하신 서점에서 교환하여 드립니다.
*이 책은 저작권법에 의해 보호받는 저작물이므로 저작자와
 출판사의 서면동의 없이는 무단 전재와 무단복제를 금합니다.

인문학 시인선 028

김춘호 제3시집
# 고별 告別

인문학사

**저자의 말**

천학비재한 문학도인
중도 시각장애인이
종이에 쓴 펜글씨가 아닌
스마트폰에 확대경을 들이대어
자음 모음을 겨우겨우 맞춰 이룬 60여 편.
불초 소생의 여생
마지막 페이지에 담은 통한의
노스탤지어

                      2025년
                      봄을 보내며
                      김춘호

# contents

005 저자의 말

# 1

012 북한강 애가
013 마지막 잎새
014 42.195!
016 끈
017 그래도 가던 길을 멈추지 않겠다
018 실향
019 오소서 빛, 나의 동반
020 귀뚜라미
021 마로니에 연가
022 민들레 여정
023 눈물의 빛깔
024 밤길
025 속죄
026 분수
027 고향길

# 2

030 홀로 걷는 길
031 둘레 밥상
032 꿈
033 비혼 허니문
034 입춘 편지
035 행복
036 진흙탕 속 꽃 한 송이
041 알바트로스
042 반세기만에 읽는 시집
044 앵무새
045 성체를 모시며
046 노을
047 검은 꽃
048 질경이꽃
049 할미꽃
050 석별
051 사모곡
052 주전자
053 맹꽁이
054 도라지꽃

# 3

056 첫사랑
057 뒷모습
058 베로니카 3
059 해바라기
060 천호동 어머니
062 맹동
063 자작나무
064 물망초
065 파도
066 석모도 소야곡
067 볼 수 없어도 만져지는 꽃잎
068 자화상
069 꾸르실료
070 산수유

# 4

072 불구경
073 보리밭
074 손금
075 초동 친구
076 응봉동 달동네
077 보릿고개
078 아버지도 울 수 있다
080 선인장꽃
081 밥풀꽃
082 빈 배
083 흉터
084 바스락 마스락
085 고별

**평설**
087 언어와 글의 집을 짓고 영혼 깊이
　　삶의 풍경을 노래하다/이충재

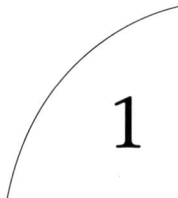

## 북한강 애가

북한강 문호리 강변에 서면
왜 자꾸 눈물이 솟아 흐를까

풋풋한 나이였다
유유히 흐르는 물결 위에
그리운 얼굴

얼었던 강물이 풀릴 때였지
배가 아닌 얼음조각에 올라
피에로처럼
이리 뛰고 저리 뛰어
물에 빠질 위험을 딛고 건넜다

스산한 바람 이는 강변
마른 버드나무 숲 사이
그때 그 자리를 찾는다

함께였던 그곳
빈 의자에 앉아 눈을 감으면
회한의 실루엣이 숨길을 막는다

## 마지막 잎새

가는 길을 아는 사람은
돌아오는 길도 알고 있다
들에 핀 꽃들이 어떻게 지는지
가르쳐 주지 않아도 열매를 맺듯
새들도 저마다 날고 제집에 든다

무서리 내린 늦가을
과수원 낙엽더미 속의 속삭임
울지 마라
소곤소곤
아기처럼 포옹을 풀지 않는다

첫눈 내릴 날은 멀리 있는데
찬란한 때때옷 벗어놓고
뇌우에 떨고 있는
마지막 잎새
엽서인 듯 바람에 흐느낀다

# 42.195!
-소설가 고 정동수 님을 추모하며

춘천마라톤대회에 참가하고 나서
"형! 이번엔 하프도 많이 힘들어
나도 이젠 껍데기 그룹인가 봐."
발은 달리면서 마음으론 글을 쓴
마라톤에 미쳐 있던 작가 정동수

혈육 같던 대학 동문
안양 비산동에 살았지
내가 사는 관악산 아래 봉천동
십수 년간 왕래가 빈번했다
허기진 사슴처럼 홀연히 달려와
보신탕 한 그릇에 막걸리 한 병
게 눈 감추듯 깔끔 비운 호식가

여든을 턱걸이 할 무렵
발길이 뜸해지더니
뜻밖의 잦은 횡설수설 전화
"형! 이사 갔지?"
"지금 어디 살지요?"
새삼 묻고 또 묻고,
하루에도 수십 번

안타깝지만 더는 받지 않았다

한동안 뜸했던 안부
풍문에 치매요양원 입원중이랬다
면회도 불가라니 얼마나 슬펐을까
지루한 코로나19의 계절을 지나
2024년 늦으막한 봄날
소천했다는 문자 메시지
믿고 싶지 않았다
야속한 사람, 정동수!
42.195!

# 끈

한 탯줄이 아니면시도
나무인 듯 그림자인 듯
너와 나는 절친

교정에서
고궁에서
성당에서
조약돌 같은 인연

청춘도 사랑도
인생마저 나란히
맞물린 이 끈 누가 끊으랴

## 그래도 가던 길을 멈추지 않겠다

지난 날 나의 어머니
등잔불 밑 바느질로
한 땀 한 땀
땅에 떨어진 모이를 쪼는 새처럼
찢어진 나의 바짓단을 살려내셨다

보일 듯, 아니 보일 듯
눈길 위 작은 새 발자국 따라
앙증스런 부리로 찍은 모이로
깜찍하고 아름다운
한 편의 노래를 만들어 볼까

낙엽 쌓인 새벽 산책에서 본
동사한 참새 한 마리
잠시 발길 멈춰 서서
곱씹어보는 연도
그래도 가던 길을 멈추지 않겠다

# 실향

날이 갈수록 생명이 죽어가고
농촌마저 도시계획 확대로
옛집은 무너지고
마을 사랑 앞 느티나무도 뿌리 뽑혀
새들도 노래를 멈춘 고향을 떠난다

몇 푼 보상금을 손에 쥐고
동으로
혹은 남으로
눈을 돌려보고 또 돌아봐도
발 내디딜 땅 한 평이 없다

노상 카페 막걸리 한 잔에 취해
저승을 가는가
구름 위를 걷는 듯
길이 아닌 길 위에 서서
잃어버린 백구의 행방을 쫓는다

## 오소서 빛, 나의 동반

나는 몰랐네 정말 몰랐네
하나뿐인 내 몸의 문에 대못이 박혀
고통 속에 피 흘리며 십 수 년

끝내 실명의 진단이 내려졌을 때
세상 밝히던 빛은 사라지고
칠흑의 터널이 가로막혔다

태어날 때부터 등불이었던
내 영혼의 창문
모든 꿈이며 소망이 사라졌다

평생 빛을 향해 나아가는 삶
이제 꽉 막힌 터널 뚫는 꿈을 안고
나는 또다시 빛으로 태어나야 하리

# 귀뚜라미

술래처럼 숨은 그대
먼 하늘 별빛같은
무지개를 그린다

지나간 날들의
모진 생각과 말과 행동
회한 가득 품은 침상

한여름 밤 홀로
뒷뜨락에 몸을 감춰
득음 수련중인가 봐

## 마로니에 연가


십자가에 매달린 그분이
부르짖은 외마디
"아, 목마르다."
이제야 보았네, 참사람!

그것은 물의 갈증이 아닌
갓난아기 보챔보다 짙은
희망이 없어도 희망하는
눈 먼 이들의 간절한 절규

시인 김지하
'타는 목마름으로' 외친 그곳
민주주의와 자유의 성지
오늘 마로니에엔 낙엽만 구른다

## 민들레 여정

만삭의 몸 순풍에 맡겨놓고
청운의 꿈을 안고 나선
유랑의 길
연민의 눈길로 배웅한다

이른 봄부터
고개를 치켜들고
더 높이
더 멀리

휴전선 비무장지대를 넘어서
금강산,
묘향산 찍고
백두산, 간도까지 밟고 가거라

## 눈물의 빛깔

단체사진 속 나를 찾지 못하듯
만져도 빛깔 모르는 장님
세상이 칠흑이라고
눈물조차 칠흑일까

피부가 검은 아프리카 사람
하이얀 눈물방울 흘리며
하이얀 이빨 드러내고 웃는데
엄마 아빠 얼굴 기억도 없는 이 몸

빛을 향한 몸부림
너는 어디에 있는가
나는 나의 눈물 빛살 놀라
여기가 연옥인가 천국인가

# 밤길

해 질 녘 실안개 내린 산책길
살포시 칠흑의 밤을 맞으면
별의 윙크가 간지럽다

달빛 스며드는 숲길
발에 밟히는 가랑잎
꿈이 부서지는 소리

하염없이 걷는다
끝 모르고 스러질 존재
걷는 것 또한 인생 아닌가

## 속죄

눈 감고도 찾을 수 있는 성당
발길 멎을 때
바람이 불어도
파도가 험할지라도
나는 가야만 한다

새벽부터 깨어계실 신부님
발에 쥐가 나고 아파도
돌부리에 채인 발가락에
피가 흐를지라도
가서 무릎 꿇고 고백해야 한다

오랜 제증이 명치에 내달려
맥박이 불규칙할지라도
성경의 말씀 그대로
일흔일곱 번보다 그 천 배라도
하느님께 용서를 청해야 하리

# 분수

옛적의 우리 할머니
길쌈을 하는 듯
가로 세로 엮어지는 물줄기
끊어졌다 이어졌다

개성대로 얽히고 설키고
샛바람에 가랑잎 쓸려간 뜨락
한줄금 빗방울 뿌리더니
꽃소식이 오는가 봐

복사꽃 망울 하늘하늘
숨길을 찾고 있는가 하면
벚나무 흥겨운 군무
집 앞 라일락도 몸살 앓네

## 고향길

유리창에 되비치는 빛처럼
미루나무 반짝이는 신작로

고향 앞의 개울가 아카시아
향긋한 꽃내음 손에 잡히고

지금도 무리져 나는 기러기
구름성을 넘고 고향길 밟네

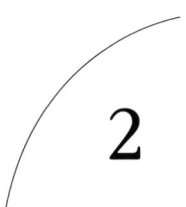

## 홀로 걷는 길

선각자가 아니어도
사람은 저마다
제 갈 길로 떠난다

더러 산이나 강
사막이나 바다를 만나면
더딜지라도 앞으로 향한다

그분이 홀로 가듯이
언제든 돌아갈 수 있고
누구에게나 손을 내밀어 좋아

## 둘레 밥상


할아버지 할머니
아버지 어머니
그리고…나….
혈육 3대가 둘러앉은 밥상
가난의 대명사라도 좋다

식구는 행복한 별자리
수만 리 길에서 돌아온 연어 떼처럼
한 몸으로 마주앉아
먹고 마시고
쉼없이 재잘대는 가족

누가 이 영상을 캔버스에 남겼는가
어찌하여 우리는
아름다운 이 모습을 잃어버렸는가
반찬 한 가지면 어떤가
살가운 식구들이 둘러앉은 식탁

# 꿈

어쩌면 나는 서니 살부터 꿈을 꾸고 가꿔오지 않았는가 싶다. 그런데 어쩌다 여든을 넘긴 지금도 그때와 같은 꿈을 꾸고 있다면 노망일까, 아닐까. 잠 속에서 일어나는 일들. 반드시 이루어질 것만 같은 사건들이 시냇가 모래성처럼 쌓아졌다. 엷은 바람결에 스르르 무너져 행적조차 보이지 않는다 해도 꿈은 생생하게 또는 어렴풋이 기억에 먼지를 날린다. 평생을 통하여 가장 또렷한 꿈의 기억은 대여섯 살 때의 한가위 달밤 또래들과 술래잡기 기억이다. 이미 술래의 지친 목소리가 놀이의 파장을 예고하는데도 짝이 된 순이와는 참새 숨을 몰아쉬며 기척을 감추고 숨었다. 소꿉놀이에서 나는 늘 아빠로 그녀와 가정을 이룬 우리는 사랑스런 내외였다. 아직도 가끔 그 꿈속을 걷는다.

## 비혼 허니문

톱클래스 한 여배우
애완견과 함께 자태를 뽐내더니
어느 날 갑자기
비혼모로 아기를 낳았단다

인기는 탑을 쌓아도
결혼은 노코멘트
잿더미만 쌓인 부모 가슴
아는지 모르는지
아기 자랑에 입술이 튼다

아기 키우기가 어렵다고
비혼 부르짖던 봄쌩 싱글

정자를 팔고 사는 세상
시집 장가 예식 생략
전설이 된 허니문
아기 생산 가정
여성 비하 풍조 뜰까 두렵다

# 입춘 편지

어둠을 넘고
며칠 전 입춘이 지났는데
마른 가랑잎 굴러들 듯
잦은 부음

문상이 금기된 코로나 세상
자녀들 이름 모르고
친구 아내도 낯설고
벙어리 냉가슴 따로 없다

자고새면 지인의 우환 소식
예고한 알림이긴 해도
귀 막히고 눈도 가물가물
내일은 어떤 별고 소식 안 뜰까

## 행복

그대 음성 음악인 듯 듣고
그대 마음 추억 속의 앨범

낮밤 구별 없는 맹인 십 년
칠흑의 세월 숨겨진 평화

보지 않아도 미더운 마음
듣지 못해도 들리는 얼굴

# 진흙탕 속 꽃 한 송이

진흙탕에 떨어진
꽃 한 송이
울음 가득 고인 눈 속에
눈부처로 선 그녀
서울시청 앞 광장
박근혜 대통령을 탄핵
촛불 시위 불 밝혔던 그 자리
혼잡한 행인 발길에 짓밟히고 있다

가랑잎 한 잎 거리에 굴러도
출처 찾아 눈망울 번득이던 경비
진흙탕 속 짓밟히는 꽃 한 송이는
모른 척 외면
기회는 평등하고
과정은 공정하며
결과는 정의로운
한 번도 경험 못한 나라 약속했는데
어떻게 이런 일이 일어날 수 있는가

산천에 흐드러진 꽃들
화려함 뽐내고 있을 즈음
맑은 하늘 날벼락처럼

진흙탕에 떨어진 꽃 한 송이
누구 하나 눈여겨보지 않네


코로나19 바이러스
지상의 모든 나라 모든 이들
다가오는 죽음 앞에
미쳐 날파리로 허둥댈 때
서울특별시 박원순 시장이
광란의 칼춤판을 벌였다


7월 9일 아침 산행에 나서며
"아마도 이 파고는 넘기 어려울 것 같다."
다섯 줄 유서 던져놓고
끝내 원인 없는 주검으로 나타난
한국 대표 자처한 페미니스트
삼가 서울시청장으로 꾸며진
금상침상에 영웅처럼 누웠구나


4년 동안 추행당한 여비서 고소장
한 달을 넘겨도 터널에 갇힌 전설
영화 〈나는 살고 싶다〉
수잔 헤이워드처럼

몇날 며칠 울부짖어도
대답 없는 메아리

오랜 동안 시청 6층 시장실에서
갖은 추행 다 겪는 꼴
목격했거나 알고 있던 지인
여러 번 전근 애원 들은 선배
시청의 출입 기자들
광화문 앞 시청 앞에 가득했던
촛불 휘날리던 애국 시민들
모두 입에 재갈 물렸나
바람에 날리는 향기쯤 착각했는가
진실 밝힐 촛불 든 이 하나도 없네

밝은 대낮에 늑대에게 쫓기는
동화 속의 소년처럼
시장님께 붙잡혀
짓밟힐 때
스무 명 넘는 앞 뒤 옆의 동료들
귀 막고 장님 되고
말문마저 닫았어라

마침내 위대한 주검으로 돌아온 늑대
꽃가마 타고 재배, 삼배 받고 있는데
한 송이 꽃은

피해자도 아니고
'피해 호소인'으로 던져진 채
진흙탕에 떨어진 그대로
짓이겨져 부서지는데
하느님만 하염없이 울고 있네

미처 활짝 피어보지 못한채
무너져가는 꽃망울
사연 들었던 이들
죽을 때까지 입 닫을 것인가

경찰도 '공소권 없음' 수사 종결
아, 이 꽃 한 송이
구름처럼 흐르다 사라질
소문이길 바라는가
고립무원의 진흙탕 속 꽃 한 송이를
우리 모두는 보고만 서 있는 오늘
아니, 우리는 이렇듯 무정하고
비겁한 백성이 아니잖은가

수년 동안 성장해서
대학 마치고 취직되어
부모님께 효도 꿈 펼치려는 순간
거미손에 걸린 꽃
아버지도 엄마도

오리엔테이션으로만 알았는데
이미 늑대 발톱에 말려들어
끔찍한 고통 겪고 있는 줄
짐작이나 될 일이던가

진흙탕에 떨어진
피어나지도 못한 꽃 한 송이
혼자서 떨고 울고
한 달 두 달
교회의 종도 울리지 않고
정의 구현을 외치던 수도자들
길 잃은 양떼들 어디로 보냈는가

문 걸어 잠근 체
다락방 기도중
"죽지 못해 살고 있다."
이렇게밖에 말할 수 없는 피해자 가족
일천 이백만 시민 발에 짓밟히고 있다
이것이 정의와 공정의 나라 얼굴인가

(2021.7.10 고 박원순 서울시장 시청 앞 장례식장에서)

## 알바트로스

하늘의 용으로 불리는
새
삼 미터가 넘는 두 날개
활짝 펼쳐서 포효하면
쓰나미로 밀려오는 바람
우주가 넘실거린다

날개를 접고도 오랫동안
가장 멀리
가장 높이
비행하는 빛
누가 이 성령의 새를
바보새라 부르는가

# 반세기만에 읽는 시집

속도가 생명인 신문 편집
쉽게 제목 못 정한 후배를 보면
"이리 줘 봐."
눈 깜짝 사이에 처리한 시인

매일 퇴근 무렵 발목을 잡고
밤새 술잔을 내밀어
끝내 마지막 말이
알아들을 수 없는
외래어처럼 버무려질 때까지
"딱 한 잔만 더."
허허로운 중년 가장

어떤 고마운 분의 뜻으로 펴낸
임진수 시인의 첫 시집
〈아이들과 와라와라〉(1970년)
작품 〈그러니까 벌써〉에선
아래와 같은 절창이 가슴을 친다

신기한 일들이다 모두/ 아버지가 되었다는 것도/ 아이들이 자란다는 것도/ 그리고 또한/나무 밑 빈 자리에/아가씨의 미소만 남아있다는 것이

신기한 일들이다 모두/ 아버지가 되었다는 것도/ 아이들이 자란다는 것도/ 그리고 또한 아가씨의

씨의 눈물이/내 마음속에 남아 있다는 것이

신기한 일들이다 모두/ 아버지가 되었다는 것도/ 아이들이 자란다는 것도/ 그리고 또한/물새의 아가씨가 떠났다는 것이

얼마나 삶이 곽곽했으면
삼백육십오일 취해서 살고팠을까

한국전쟁 중 진남포에서
남쪽으로 내려온 22실 청년
족보도 없는 국민방위군 문관
미국 해군선 잡역부
무자격 국어교사 생활
수복된 서울로 올라와
잡지, 신문 편집기자로 정착했다

가장 가까운 친구라면
낡은 바바리 포켓 속에
손처럼 위스키를 넣고
허구헌 날 주기를 날리는
방송국 음악 담당 김종삼 시인
두 분의 악수는 하염없이 먼지를 날렸다

# 앵무새

촛불로 세운 나라
한 번도 경험해 보지 못한 나라
민주란 말로 도배한 대통령님
침이 마르지 않은 취임사

정의와 공정 상식의 실현
오십 번 이상 대못으로 박힐 때
머리 곧추세운 앵무새
입만 열면 후렴이 된 그 말씀
촛물은 마르고 재마저 날리는데
여전한 정의와 공정 타령

어떤 음정으로
어떻게 호흡을 맞추면
좋은 노래가 되겠니
앵무새들아!

## 성체를 모시며

오늘 미사에 참예하여
성체를 모시러
사제 앞에 두 손 펼쳐놓고
고상을 바라볼 때
울컥 눈시울이 떨고 있다

"너희는 모두 이것을 받아 먹어라.
이는 너희를 위하여 내어 줄 내 몸이다."

얼마나 많은 속세의 때 씹은 입인가
얼마나 궂은 오물 짓주무른 손인가
얼마나 많은 거짓을 숨긴 가슴인가

"너희는 모두 이것을 받아먹어라. 이는 새롭고 영원한 계약을 맺는 내 피의 잔이니 죄를 사하여 주려고 너희와 많은 이를 위하여 흘릴 피다."

끝내 눈물이 볼을 타고 흘러내린다

## 황혼

하루가 숨을 고르는 해 질 녘 하늘 자락에
누가 저토록 광대한 화판을 걸어 놓았나

다부동전투에서
인천상륙작전에서
우크라이나와 러시아 전쟁에서
하마스와 이스라엘 가자작전에서
소나기같이 쏟아지는 총탄을
몸으로 막아선 시민들
쓰러지고 또 쓰러지고

나는 보았다
인류 최후의 날 같은 이 세상

주검이 성이 되고 산이 되어
핏물이 냇물과 합쳐 강물로 흐르고
저 불새는 어디에서 날아와
무슨 흥에 겨워 춤을 추고 있는가
어느덧 화폭 가득 찬 수채화는
풀잎마저 붉은 피에 흠뻑 젖어
진초록, 아니 진보라로 물들였도다

## 검은 꽃

뜻밖의 화마로 집을 잃고
철교 아래 비닐하우스에 산다고
폄하하지 마세요

수많은 사람들이
밟고 찰지라도
나는 굳세게 일어서겠어요

그대에게 주고 싶은 꽃은
두근거리는 내 마음
새도 지치면 둥지로 돌아오는데

생각만 해도
흉터뿐인 그 얼굴
정겨운 나의 꽃

## 질경이꽃

1
수많은 사람들의 발길에
차이고 또 밟혀도
꿈틀대는 지렁이처럼
목을 틀어 솟구치는
고무줄 같은 목숨

소달구지 경운기 잦은 농삿길
장병들 행군 발 밑에서도
죽은 듯이 누웠다 일어선
오뚝이 같은 생명
쪽방촌 인생 같다

2
세상에서 가장 질긴 것이
사람의 목숨이라지만
비바람 눈보라도 이겨내고
아침 이슬로 영롱한
조약돌 같은 잡초

색깔도 향기도 밋밋하지만
부시시 미소짓는 입술
어떤 이에게는 귀한 약재
내게는 별미 식재가 되는
질경이꽃

## 할미꽃

우리 할머니
어진골로 시집올 때
꽃가마에 앉아 창 너머로 본
허리 굽혀 인사하던 그 꽃

어쩌다 여든을 넘겨
하늘 여행 리허설로
고향 선영 둘러보는데
웬 할미꽃이 이렇듯 지천인가

옛날 초등학교 책에서 읽은
딸 셋 잘 키워 시집 보낸 엄니
할넘되어 갈 곳 없이 헤맨 모습
바로 그 꽃 앞에 서니 울컥한다

# 석별

끝이 헤어짐이라면
만나지 않았어야 할 것을
이토록 창자를 끊는 아픔
예감이나 했던가

처음 만났을 때
얼마나 망설이고
더듬거리고
눈시울 붉혔던가

어찌하여 너와 나는
놓기 싫은 손을 잡고
목이 메인 이 순간
하늘 한 번 보고 한숨을 쉴까

두근거리는 가슴
지금도 그때처럼
돌아설 수 없는 이 발길
천근만근

## 사모곡

소천하신 지 수십여 년
어머니 계신 그곳
어둡지도 않고
춥지도 않았으면
언제든 달려가 안기고픈 품속

가시면서 뿌려놓은 표지들
흔적도 그림자도 없이 사라졌지만
때때로 뺨을 간지럽히는
양털 같은 이 바람
당신 손길이 아닐까 돌아다본다

## 주전자

언제든 어디에서나
담고 안고 있는 것
모두를 내주면서도
고개 숙인 그대

숙명이던가
태어날 때부터
구겨지고 찌그러지며
발에 밟힌 심부름꾼

고물장수 손에 넘겨져
팔려가는 순간에도
순명한 몸짓
그대는 나의 반면교사

## 맹꽁이

때려라, 때려라!
더욱 세게 매를 들어라
어둠 속에서 먹고 자고
죽비로 살아가는 삶

맞는 것이 일상
어제도 내일도
맞을수록 몸이 강해진다
나도 한때 별명이 맹꽁이

울음소리
웃음소리
노랫소리
창조주의 신비로운 생명

# 도라지꽃

이른 아침 채마밭에
이슬 맞은 도라지꽃
하얀색과 자주색
싱그럽게 어울렸다

하얀 꽃에는
자주색 나비
자주 꽃에는
하얀색 나비가 꿀을 먹는다

감자꽃에 얽힌 민족 감정
친일과 반일의 강을 건너
도라지꽃에서는
좌파우파 더불어 동무로다

3

# 첫사랑

처음 만나던 날
얼마나 설레고 망설였나
더듬 더듬거리고
울먹였던가

어찌하여 너와 나는
놓기 싫은 손을 잡고
목이 메인 이 순간
하늘만 올려보고 또 보고

그대에게 주고 싶은 것은
불타고 있는 마음뿐
아직도 그때처럼
돌아 설 수 없는 이 발길

## 뒷모습

당신은 때때로 주방 창문 앞쪽에
우두커니 돌아서 있는 아내 어깨
살포시 눌러서 안아본 적 있는가

바쁜 직장에서 잠시 한가한 시간
신뢰하는 선배의 공허한 등 뒤로
"피곤하시죠?" 차 한잔 권해봤나

부모님이 월말 가계를 정리하다
생각대로 수지정산 끝내 못마쳐
보았나? 고개 떨군 아버지 모습

# 베로니카 3

그대는 나를 잊었지만
나는 잊을 수 없다
상처를 보듬어 준 그 손길
어떻게 잊을 수 있나

베로니카여
고난을 함께한 터널
위선의 코트를 벗어버리고
사랑의 불씨 당겨 준 그대

때로는 어린애처럼
사소한 충돌에도
상처를 입혀놓고
얼마나 그대를 괴롭혔던가

## 해바라기

수난의 땅 우크라이나
그 선량한 백성들의 잠자리에
독재자의 이빨이
평화를 사랑하는 시민들과
젊은 대통령을 뿔나게 했다

끝이 안 보이는 피난민 행렬
눈 쌓인 자작나무숲길
다시 보는 영화 '해바라기'
전사한 연인 묘지 앞에서
흐느껴 우는 소피아 로렌

해바라기의 나라
마침내 2023년 노벨평화상 수상
자유 민주 시민연대의 만세!
우크라이나여, 영원하리라
젤렌스키 대통령 만세!

## 천호동 어머니

무릎 연골이 모두 닳았다오
고관절이 쑤신다는 어머니
병원 다녀오시더니
디스크 증상에
허리도 고장이란다

어린 날 땅 뺏기놀이 하듯이
남북이 오고 가며 입씨름 할 때
진남포에서
벼르고 별러
원산 명사십리까지
여행겸 해수욕 왔다가
포성에 밀린 피난민에 쓸려
38선에서 멈춰
눌러앉은 지 70여 년
결국 월남민 되었지

선거 때만 되면 만나리라
수십 년 똑같은 나팔소리
입
입
입

날만 궂으면 더 쑤시는 통증
땜질하듯 수술로는
완치가 어려운 고질
한번 일그러진 고관절처럼
이산가족 상봉은
가는 세월만큼 멀어지고

비무장지대가
자유 왕래 해방지대가 되는 날
그때쯤 허리 통증 가라앉을까
오늘도 속초 천호동 어머니는
오징어순대를 식탁에 차린다

## 맹동*

수만 년 수호해온 옥토 우리 맹동
비산비야 산수 맑은 속리산 뿌리

함박산의 정기
군자터의 웅지
한티재로 치켜오는 동남풍
봄바람에 통골이 들썩이고
숨이 찬 본성들을 돌아
두성, 신돈에서 꼬리를 사린다

함박산에서 발을 구르면
정내를 찍고 인곡은 흔들흔들
마산이 기지개
봉현은 횃불 들고
용천에 용이 난다
만백성의 터전 우리의 누리

*맹동 : 충청북도 음성군 맹동. 내가 태어난 마을이다.

## 자작나무

아름다운 여인은
겉옷을 가볍게 걸쳐
미풍에도 속살이 드러난다

완벽한 맵시는
숨어 우는 바람소리처럼
매혹미를 숨긴다

한겨울 눈보라 속에서도
훌훌 미련없이
위선을 벗은 저 순수한 나목

# 물망초

고즈넉한 밤

손바닥만한 탁자 펼쳐놓고

소주잔

하나

혼술

그림자와 마주하여

ㅋ~아~

어느덧 공병이 서너 개

밤새 젖어 있는 눈망울

물망초라 했던가

## 파도

높고 낮은 구릉을 지나
성난 얼굴로 달려오는 너울
누구를 찾아오는가

무슨 꿈 무슨 소망으로
닫히려는 문 앞에서
집시춤을 추고 있나

조선 한오백년을 삼키는
숭례문이 타는 울음 같은
천의 얼굴을 가진 저 쓰나미

## 석모도 소야곡


해 질 녘 하늘자락에
노을로 물들인 거대한 캠퍼스
무지개를 겹친 듯한
우주 가득찬 수채화를 본다

하루의 마지막 몸부림
속세의 추한 저폐들
누가 시너를 뿌렸는가
저 화려한 불꽃을 보라

해안등 하나 둘 밝혀질 때
별똥별 숨어든 수평선으로
바이올린 G선의 멜로디
석모도의 밤은 깊어만 간다

## 볼 수 없어도 만져지는 꽃잎

두 손을 모아
동그랗게 그려 본 그 얼굴
볼 수 없어도 만져지는 꽃잎
향기 또한 곱구나

내 가슴은 어떻게
그대 마음에 닿았는가
눈 앞에 미소짓는 입술
앵두인가 석류인가

가까이 다가가 코를 대보면
숨이 끊어질 듯
타오르는 과일
사랑이 익는 얼굴

## 자화상

잘 못 그린 얼굴인가
잘 못 생각한 사람인가
안타까운 삶
세상 읽는 눈을 잃었구료

얼굴은 그렸지만
귀와 코가 없는 사람
마음은 어디로 도망쳤을까
내 안에 너를 숨겨놓았나

아무리 찾으려 해도
보이지 않는
얼굴
그림자도 없는 유령인가

## 꾸르실료

몇 해를 고대한 차례인가
영육을 세탁하는
꿈같은 3박4일
몇 번씩 울컥였는가

롤료들의 감동어린 신앙 고백
각인된 영성 안고 쪽잠 끝에
예수님 오신다는 소식
얼마나 놀라운 마중인가

마침내
수료 마지막날 새벽
촛불 든 성가대 행렬
감동의 묵주기도

구름같이 모여든 형제들
환영의 빨랑카
동트는 새벽 주님 모습
찬란한 아침 햇살

## 산수유

뜰안에 산수유 한 그루 심어놓고
해 뜨고
해 질 때
물 주고 거름 주고
꿈을 키운 십수 년

꽃 피고 열매 맺힐 무렵
거두어들일 때가 되어
뒤돌아보니 어느덧 만추
너는 열매 되고
나는 바람 되고

가을걷이 끝낸 나목
한파 견딜 방한복 입고
산수유 열매로 끓인
따뜻한 차 한 잔 들고
새로운 봄소식을 기다린다

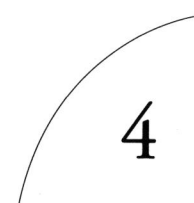

4

# 불구경

어느 날 지하철 안에서
화재가 발생했다
"불이야?"
승객들 혼비백산
출구가 뒤엉켜 아우성
사회 정의가 무너졌다

언론이 죽었다
어른이 사라졌다
범법자가 국회의원 당선했다

노골적인 부도덕 만능시대
아들이 아버지를
딸이 엄마를 흉기로 찌르고
어린 아기를 엄마가 내던졌다

"불이야!"
세상에 부도덕 불길이 번진다
소방사도 경찰도 안면 몰수하고
신고자를 성폭행하는 나라
이것이 오늘의 대한민국

## 보리밭

어린 시절 자주 듣던
"매 맞고 자란 녀석이 크게 된다."
보리싹은 이른 봄부터 밟아 줘야
강하게 잘 자란다고
동틀 무렵 어른 손에 잡혀서
햇살이 퍼질 때까지 보리를 밟았다

파란 하늘 두둥실 그림 같은 흰 구름
신록의 바람 속 아카시아 꽃향기
뻐꾸기 숨가쁜 울음소리
밭이랑 이랑
넘실대는 보리머리
초등학생들 체조시간 같다

# 손금

아침마다 흉하게 솟은 턱수염
깔끔하게 면도를 해도
허기를 못 참는 공복처럼
또다시 꿈틀대는 모공

성당이 지척이거늘
먼 길을 나설 때처럼
신발 끈을 몇 번씩 고쳐 매며
고해소 앞에 섭니다

주머니에 숨겨있던 손
가만가만 펼쳐보니
어쩌다 이렇듯 혼탁해졌을까
손금 속 가득 죄의 네비게이션

## 초동 친구

열다섯 살 초여름이던가
귀 아프게 울부짖는
매미소리 사이로
매스게임처럼 춤추는
실개천 언덕의 보리밭

네잎 클로버 멍석에
마주앉은 초동 친구
주막집 막걸리
풋고추 매운 맛
서툴게 몇 순 주고 받을 때

아카시아꽃 향기 그윽한데
과수원집 올갠 소리
울렸다 멈췄다
뻐꾸기도 목이 쉬었구나
뻐꾹 뻐꾹 뻐어꾸우욱

## 응봉동 달동네

나의 인생 8할은
달동네서 이루어졌다

60년대 왕십리 응봉산 자락
길도 없고 전봇대만 두셋
울도 담도 없는 집들
검은 비닐, 너와 지붕
바람만 불면 깃발처럼 날렸다

전기가 설치 안 된 산동네
골목이 캄캄한 밤마다
일 년 내내 창문에 걸려 있던
처연한 별빛과 달빛
내 가슴속엔 무지개로 피어났다

가끔은 팍팍한 삶이 아득하여
저만큼 살곶이 다리 옆
뚝섬 경마장으로 눈을 돌려
맨 앞에 달리는 말을 향해
아자자! 외친 그때가 어제 같다

## 보릿고개

얼마나 배가 고팠길래
열 발짝도 못 가서 쉬고
다섯 발짝, 아니 한 발짝도 못 가
울면서 넘던 한티고개
학교는 첫 시간을 이미 마쳤겠지

며칠째 굶주린 배를 움켜쥐며
나무껍질 벗기고
풀뿌리를 캐먹으면서
하루 이틀, 그리고 열흘
넘고 넘어 다시 마주선 보릿고개

"산분이네 다섯 식구
며칠째 굶어 부황났다는구료."
잠결에 듣는 부모님의 대화
상가 식당 앞 버려진 흰 쌀밥
울부짖던 보릿고개 가슴 울리네

# 아버지도 울 수 있다

어느 날
아버지의 울음소리를 들었다

50을 넘기시면서
고혈압
당뇨병
전립선
약을 달고 사신 지 십수 년

회갑을 건너 일흔
여든을 넘기시며
고관절
어깨, 허리의 통증이 깊어가고
살아 있다는 것이 형벌이란 넋두리

노인으로 하루를 넘긴다는 것
너무도 무료하고 지루한 시간
부질없는 수염 깎기
무의식중 콧물… 낙밥
참을 수 없는 배뇨 공포

생리적 노인 냄새 없애려고
매일 머리 감고 샤워할 때
팔과 다리 마디마디 분해되는 통증
아내, 자식도 모르게 흐느끼는 아픔
소천을 예고하는 연옥 수련중이랄까

## 선인장꽃

아름다운 장미꽃 가시가
시인 릴케의 사인이 될줄
누가 알았을까

험상궂은 얼굴의 선인장
저토록 요염한 미소
누가 보내줬을까

석류, 모과의 질투인가
어쩜 그렇게 예쁜 얼굴
누구의 작품일까

## 밥풀꽃

보릿고개 넘어설 때
밥그릇에 붙은 밥알
입에 넣은 며느리
등 떠밀려 쫓겨난 사연
밤새 흐느낀 소쩍새 절규

소나무 껍질 벗겨서
허기를 메꿀 때
소로길 풀숲 여기저기에
거꾸로 매달린 밥알같은
밥풀꽃이 피었네

함부로 꺾지 마라
허투루 따지 마라
뒷동산 그 밥풀꽃
엄마 혼인가 누나 혼인가
생각만 해도 가슴 무너지네

# 빈 배

이제는 떠나렵니다
갈 곳 모를 저 호수 위 낙엽 같은
포구에 뜬 주인 없는 빈 배
나간다 나간다
얼마나 많은 날 곱씹었던가

머리가 터질듯 열이 오르면
마을버스 정거장까지
한달음에 닿아서
기척도 없는 뒤를
돌아보고 또 돌아보고

오십 년을 돌아보고
여기까지, 여기까지야
이제는 쉬고 싶다
저 임자 없는 빈배에 누워
바람 부는대로 흘러가고 싶다

# 흉터

세월이 흘러가도
지워지지 않는 손등의 자국
개구쟁이 술래의 독한 이빨
뚜렷이 남아있는 그 눈빛
흔적 없는 이 아픔 누가 알랴

녹내장 지병 끝에 실명
거리의 악사가 되어
오똑이처럼
부딪치고 쓰러져 찢어진 무릎
딱지 떨어진 그 자리

돌아보고 또 돌아봐도
숨어 있는 아픔과 설움
흔적도 없는 가슴앓이
누구를 원망할 것인가
이제 와서 생각하니 모두 내 탓

# 바스락 바스락

바스락 바스락 소리
가랑잎 구르는 소리
가을이 머무는 소리
그대가 오시는 소리

바스락 바스락 소리
과일이 영그는 소리
가을이 옷벗는 소리
그대가 춤추는 소리

바스락 바스락 소리
추억이 밟히는 소리
가을이 떠나는 소리
그대가 가시는 소리

## 고별 告別

이쯤에서 나는 검은 리본 들고
아버지 집으로 들겠습니다
그동안 수많은 플랫폼에 섰지만
깔딱고개에서 멈췄습니다

여든 다섯 번이나 도전한 등정
그때마다 내가 나에게 속아서
다시 한 번 또 한 번 실족
너에게로 달려가 울먹인 바보

더는 아니 가리라
미련마저 내려놓은 이 발길
이제는 단 한 번도 뒤놀아보지 않고
그림자처럼 처연히 따라만 가리다

얼마나 망설이고 반추했는가
입안에서만 담금질했던 말
행여 새어나올까
몸살 앓던 그 한 마디 '안녕!'

# 언어와 글의 집을 짓고 영혼 깊이 삶의 풍경을 노래하다
−김춘호 시인의 제3시집 『고별』에 붙여

이충재 (시인, 문학평론가)


## 1. 시인과 시와 시대를 생각하며

　김춘호 시인의 시 원고를 받고 한참 사유의 사다리를 오르내리면서 불특정 장소와 명확한 이슈를 향해서 골몰하기 시작했다. 그 이유는 한가지 대한민국이란 시대적 상황이 불온한 환경의 연출을 멈출 기미를 보이지 않는다는 것 때문이다.

　이 시점에서 김춘호 시인의 제3시집 시 원고 「고별告別」과 함께 그간 출간하신 제1시집 『고죄告罪』, 제2시집 『실로암 호슈가』 그리고 수필집 『팝콘 한 봉지』를 필독하면서 시공간을 초월하여 삶의 뜰을 시인과 동행하기로 했다.

　세상이 비양심적인 수위를 늦추지도 않고 해결하려는 의지도 잃고 있다는 것은 죄의 속성으로부터 벗어나지 못한 현대인들의 그릇된 욕망 혹은 탐욕이 빚어낸 현상으로서의 인간성 상실을 부추기고 있음은 물론 말세末世의 현상을 극명하게 드러내 밝히는 불편한 증거가 되고 있기 때문이다. 이러한 현상의 원인을 어디서부터 찾아야 할 것인가?

이는 죄로부터 자유로움을 선택할 권리를 스스로 잃어버린 바 된 인간들의 죄인 된 속성이 그들 영혼을 조종하고 있기 때문이다. 더욱이 슬픈 것은 시대에 참된 인간의 가치를 대변해야 할 대상으로서의 인문학 종사자들이 점점 더 타락하거나 사라지고 있으며 동시에 그들의 역량을 다하지 못한다는 것이다. 참된 지식인들을 비롯한 그 많은 지성인들은 다 어디로 사라진 것일까?

천민자본주의에 매몰된 까닭이다. 물질문명이란 이기利己에 인간이 시달리거나 포섭되어 인간의 가치와 의미를 스스로 포기함은 물론 신神적인 권위에 대항하는 교만이 빚어낸 분위기가 시대를 장악한 탓이고, 그 분위기에 지성인들을 비롯한 사회의 정화 기능을 감당해야 할 인문학 분야의 총칭 리더들을 눈 뜨고 찾아봐도 좀처럼 보이지 않는다는 것이다.

이즈음에 김춘호 시인을 만나게 되었다. 충분히 자신의 순수 컬러가 변색 되었을 수도 있을 만큼 거친 시류의 현장인 언론사 '서울신문 기자'와 잡지사인 '사랑사', '아리랑', '주부생활', '샘터', '여원' 등에서 중직을 맡았으며, 그 세간의 온갖 현상을 맞닥뜨림은 분명히 자신을 세속적 시류에 내어 맡길 수도 있었을 텐데도 불구하고 지금까지 출간한 작품을 통해서 볼 때 하나도 탈색되지 않은 순수 영혼의 상태를 유지하며 살아오고 계시다는 의지적 발로를 재확인할 수 있어서 반갑고도 감사했다.

이 힘의 원천은 두 가지다. 하나는 시인 자신의 삶을 꾸준히 이끌어오고 있는 '신앙의 힘'이고 두 번째는 '문학의 힘'이다. 시인의 첫 작품집이 『고죄告罪』인 만큼 늘 한순간 순간을 하느님 앞에 자신의 삶을 내려놓고 죄 사함은 물론 새로운 영적 에너지를 공급받아 시류의 유혹과 미혹을 스스로 이겨내는 결단력 있는 영성주의자이기에 가능했다고 할 수 있다. 동시에 문학이다. 시인이 고백한 '청년기 나의 문학은 곧 생명'이었다고 할 만큼 시인에게 있어서의 문학이 중심추가 되어 '삶과 신앙', '삶과 문학', '삶의 정도正道'를 걸어 올 수 있게 한 중심 역할이자 이정표가 되었다는 확증이다.

그 신앙적 고뇌와 생계를 잇는 현실적 삶에서 시인을 지켜준 신앙심이 만들어 준 시집이 『고죄』라면, 시력의 약함이란 불편을 호소하는 시각장애의 결과물로서 사물을 쉬 대하는 육체적 안목에 의존하기보다는 영성의 빛, 영안을 통해서 사물과 시대를 감지하고 평가하는 능력으로서의 은사恩賜를 부여받은 결과물인 제2시집인 『실로암 호숫가』를 들 수 있겠다.

김춘호 시인의 삶의 순수성과 맑은 영혼을 지니고 살아오신 신앙이란 좌측 수레바퀴와 시문학을 절대적으로 염두하고 살아온 오른쪽 수레바퀴가 이번 제3시집 『고별』을 낳게 한 마중물이 되었다고 본다.

여기서 독자들에게 이해의 팁 하나를 드린다면 김춘호 시인의 순수성을 증명하는 듯한 자료가 있다. 단연코 수필집 『팝콘 한 봉지』(어떤이의 꿈)이다.

이 수필집에서는 시인이 노트에 신음과 하소연 혹은 은밀한 자기 고백처럼 적어놓은 글이라고 겸손하게 고백하고는 있지만, 사실은 시인 삶의 중심과 진실성과 진정성을 가장 잘 밝혀주는 단서라고 할 수 있다.

이어령 교수가 『언어로 지은 집』에서 문학예술인의 역할을 강조했다면 그의 아내 강인숙 교수는 『글로 지은 집』에서 이어령 교수의 문학 인생을 피력시키고 있다. 이 두 권의 도서를 통해서 볼 때, 문학인들은 언어와 글로 자신의 영혼적, 인문학적 삶의 등불을 환하게 밝히고 어두워진 세상에 길을 제시하는 이정표적 역할자로 나서야 하는 것이다.

지금까지 김춘호 시인이 언론인으로서 그리고 잡지사에 종사 혹은 운영자로서 타인의 문학, 인문학의 집을 세워주는 인문학의 목수木手가 되었다면, 최근에는 자신의 문학예술의 집을 손수 짓고 그 안에서 남은 생애의 목적성과 안위를 추구함과 동시에 지금까지의 경험을 통하여 깨닫고 배우고 느낀 생의 원리들을 통하여 시대를 바로 세우고자 애쓰는 흔적이 제3시집에 고스란히 담겨있다. 그 엑기스와 가치와 의미가 담긴 김춘호 시인의 시의 세계를 따라가 보기로 하자.

## 2. 시인의 시 세계를 통한 영성과 그 힘이 자아내는 소리에 마음 문을 열다.

김춘호 시인의 작품집들을 감상하다가 문득 헨리 데이빗 소로우의 인생과 사상에 시인의 삶과 사유의 결과물 그리고 철학이 가닿아 있음을 공감할 수 있었다.

헨리 데이빗 소로우가 가장 사랑했으며 생의 마지막 순간까지 함께 했던 에세이 「소로우의 강」 끝부분에서 말하기를 "타고난 시인과 그렇지 않은 시인 사이에는 중요한 차이가 있다. 후자는 자신에게 다가오는 시적 착상을 알아차리거나 마주 대하지 못한다. 그 까닭은 너무나 희미하게 스쳐 지나는 탓에 그려내기가 어렵고, 심지어 의식에 어떤 인상조차 남기지 않기 때문이다. 시인의 섬세한 체질은 오후 내내 그저 혈관의 피만 빨리, 또는 천천히 돌면서 어디서 온지 모르는 기쁨으로 넘쳐날 때 뚜렷이 드러난다."

김춘호 시인은 생계로 인한 타인의 글, 타인을 위한 언어의 집을 짓는데 몰두하다가 자신의 작품집[家]을 짓기 시작한 것이다. 비로소 자신의 영혼의 집, 청소년기에 생명과도 같이 여겨왔던 문학예술의 집[家]을 짓고 세상 끝에 남겨진 자신과 또 다른 독자들을 향해서 그리움과 결별의 메시지를 통해 삶의 가치를 호소하고 있다.

세 권의 시집과 한 권의 수필과 삶을 통해서 볼 때, 김춘호 시인이야말로 헨리 데이빗 소로우가 말한 바 타고난 시인임에 틀림없다.

지난 날 나이 어머니
등잔불 밑 바느질로
한 땀 한 땀
땅에 떨어진 모이를 쪼는 새처럼
찢어진 나의 바짓단을 살려내셨다

보일 듯, 아니 보일 듯
눈길 위 작은 새 발자국 따라
앙증스런 부리로 찍은 모이로

깜찍하고 아름다운
한 편의 노래를 만들어 볼까

낙엽 깔린 새벽 산책에서 본
동사한 참새 한 마리
잠시 발길 멈춰 서서
곱씹어보는 연도
그래도 가던 길을 멈추지 않겠다
-「그래도 가던 길을 멈추지 않겠다」 전문

이 길지 않은 시에서 두 가지 세상의 이미지가 교집합을 이루고, 그 공통점을 통해서 더 앞으로 나가야 할 시인의 미래를 예측, 발전, 성장시키기 위한 의지적 동력을 발견하게 된다. 사실 두 세계를 하나로 이어주는 진행형의 의미가 짙게 깔려있다. 옛날엔 대한민국의 많은 가정이 가난을 면치 못했다. 그 가난의 정점에는 늘 어머니들의 따사로운 마음의 빛이 남아있다. 그래서일까 우리는 나이 들고 늙어 죽음 앞에 이르러서도 그 어머니란 고유명사 앞에서는 늘 어린 아이가 되고 연약한 몸종이 되어 한없이 아쉬워하고 그리워하고 눈물 지울 수밖에 없는 존재들이 아닐 수 없다. '한 땀 한 땀/ 땅에 떨어진 모이를 쪼는 새처럼/ 찢어진 나의 바짓단을 살려 내셨다' 그 앙증스러운 부리로 찍은 모이와 같이 성장한 시인은 '깜찍하고도 아름다운/ 한 편의 노래를 만들어 볼까' 의지적 표현을 드러내 보이고 있다. 이는 시인이 시인과 소설가로 등단을 하고 나서 "문단 데뷔는 생계를 영위하는 1급 자격증이기도 했다"의 고백처럼 생계를 잇기 위해서 신문사 기자와 잡지 종사자로 나선 것이다.

  이 의지적 삶이 빚어낸 갈등은 역학관계와 순응 관계라 하기에는 당시의 삶이 모질기만 했기에 선택적 필요 불가분의 관계라 하지 않을 수 없다. 그 마음을 시인은 마지막 연에서 그려내고 있다. "동사한 참새 한 마리/잠시 발길 멈춰 서서/ 곱씹어보는 연도/ 그래도 가던 길을 멈추지 않겠다" 여기에서 시인은 동사한 참새의 운명적인 모습을 안타까워하면서도 자신 앞 날을 혹은 가족들의 미래적 삶의 중요성을 뿌릴 칠 수 없어 지속적으로 가던 길을 나서야 하는 이율배반적 진통이 느껴지는 마음을 그려 보여주고 있다. 이것은 또한 생계의 위기 앞에서 시인으로서의 기질이 살아있는 낭만과 순수를 사랑하는 이의 갈등 국면을 그려내고 있다고 할 수 있다. 안톤 슈낙의 『우리를 슬프게 하는 것들』 수필 속에서 만나는 '담장 아래 죽어 있는 한 마리의 새'를 보는 지은이의 마음과 뜻을 같이한다고 할 수 있다.

    나는 몰랐네 정말 몰랐네
    하나뿐인 내 몸의 문에 대못이 박혀
    고통 속에 피 흘리며 십 수 년

    끝내 실명의 진단이 내려졌을 때
    세상 밝히던 빛은 사라지고
    칠흑의 터널이 가로막혔다

    태어날 때부터 등불이었던

내 영혼의 창문
모든 꿈이며 소망이 사라졌다

평생 빛을 향해 나아가는 삶
이제 꽉 막힌 터널 뚫는 꿈을 안고
나는 또다시 빛으로 태어나야 하리
―「오소서 빛, 나의 동반」전문

 이 시를 읽으면서 시력을 잃은 두 분을 생각했다. 한 분은 『사흘만 볼 수 있다면』의 저자 헬렌 켈러와 또 다른 분은 만리포에서 라이브 카페를 운영하면서 옛 정서가 담긴 이들의 그리움을 대변하며 노래하는 가수 이용복 씨다. 이 두 분 다 자신의 시력 장애를 극복하고 자신의 꿈과 이상을 종합하여 한 생애의 역사를 다시 썼다는 의미에서 귀감이 되고 있는 분들이다. 이미 김춘호 시인은 자신의 수필집 『팝콘 한 봉지』에서 충분히 헬렌 켈러에 대한 이야기와 더불어 자신의 삶의 고백을 진지하게 표현해 놓고 있다. 그리고 이용복 씨는 필자가 가끔 만리포에 들려 밥과 차 한 잔을 곁들여 흘러간 노래를 들으며 대화를 나누다가 돌아오곤 하는 그리움의 통기타 가수이다.
 그리고 한 분을 더 말하자면 바로 김춘호 시인을 들 수 있다. 전자에 밝혔듯이 김춘호 시인은 1962년 '충청일보' 신춘문예에 소설 「출발 직전」으로, 1973년 '한국일보' 신춘문예 시조 「산촌 일기」로 등단을 마치신 분이다. 그리고 '서울신문 기자'와 대한민국 잡지의 중심이 되는 '주부생활', '샘터', '여원' 등과 도서출판 '제삼기획'에서 존재감을 여실

히 드러낸 생애를 살아오신 분이다.

  김춘호 시인의 이와 같은 삶 그리고 주옥같은 시문학의 궤적을 낳은 『고별』을 준비하기까지 시각장애를 무릅쓰고 이뤄낸 지적 작업의 결실이라고 할 수 있다. 위의 시 '이제 꽉 막힌 터널 뚫는 꿈을 안고/ 나는 또다시 빛으로 태어나야 하리'라는 의지적 표현이 낳은 결과물은 자신의 상황에 치여서 용기를 잃고 우울감에 젖어 살아가는 모든 연약한 독자들에게 힘이자 다시 일어나 걸을 수 있는 동기를 부여하기에 필요충분조건을 모두 갖추고 있다고 할 수 있다.

  눈 감고도 찾을 수 있는 성당
  발길 멎을 때
  바람이 불어도
  파도가 험할지라도
  나는 가야만 한다

  새벽부터 깨어계실 신부님
  밭에 쥐가 나고 아파도
  돌부리에 채인 발가락에
  피가 흐를지라도
  가서 무릎 꿇고 고백해야 한다

  오랜 체증이 명치에 매달려
  맥박이 불규칙할지라도
  성경의 말씀 그대로
  일흔일곱 번보다 그 천 배라도

하느님께 용서를 청해야 하리
-「속죄」 전문

 이 시는 김춘호 시인에게 있어서 가장 밀접하게 관계하고 있는 의식의 전환, 의식의 변화를 꾀하는 주제라고 할 수 있다. 또한 끊임없이 잘 다루고 관리해야 할 인생 화두인 셈이다. 이미 첫 시집 『고죄』에서 충분히 자신의 죄에 대하여 그리고 인류의 죄를 대신하여 고백한 시적 이력을 낳았다. 그럼에도 불구하고 시인의 생애는 하느님의 부름을 받기까지 끊임없이 신에게 덜어내야 할 고백서로서의 '죄'와 싸우고 있는 것이다.
 이 땅을 어지럽히고 순수문학계와 종교계, 교육계를 어지럽히고 있는 도덕적, 영혼적 죄들이 모두 자신의 원죄로부터 자유를 잃은 탐욕과 욕망에 젖은 이들의 더러운 양심으로 인함이라고 직설한 바 있다. 이러한 죄를 범하지 않기 위해서 시인은 불편한 몸을 이끌고 신께로 나아가 죄를 고백하여 죄 사함을 요청하는 예식을 멈추지 않고 있음이 위의 시에 그대로 투영되고 있다. 이는 시인의 신앙의 순수성과 맑은 영성을 극명하게 드러내 알리는 부분이기도 하다.

여든을 넘고
며칠 전 입춘이 지났는데
마른 가랑잎 굴러들 듯
잦은 부음

문상이 금기된 코로나 세상

자녀들 이름 모르고
친구 아내도 낯설고
벙어리 냉가슴 따로 없다

자고 새면 지인의 우환 소식
예고한 알림이긴 해도
귀 막히고 눈도 가물가물
내일은 어떤 별고 소식 안 뜰까
─「입춘 편지」 전문

    이 시집에는 '고별'과 관계된 작품들이 곳곳의 지면을 채우고 있다. 사실 입춘이라고 하면 모든 만물이 생동하는 기회적 즐거움과 행복을 만끽하는 계절에 누리는 절기이다. 그럼에도 불구하고 신의 예정을 벗어날 수 없는 피조 세계를 인간이 어찌 거스를 수 있겠는가. 지난 수년 동안 겪은 '코로나 19'로 인한 인명 피해는 차치하고라도 여전히 가까운 지인들이 석별의 정을 미처 나누지 못하고 우리들 곁을 슬프고도 아프게 떠나고 있다.
    이 작품을 감상하면서 마음을 아프게 하는 작품으로서 「마지막 잎새」, 「42,195!-소설가 고 정동수 님을 추모하며」, 「끈」, 「홀로 걷는 길」, 「석별」, 「첫사랑」, 「아버지도 울 수 있다」 등의 시가 깊은 공감 고리를 걸어 삶과 인간의 속절없는 일상을 생각하게 한다.

하늘의 용으로 불리는
새

삼 미터가 넘는 두 날개
활짝 펼쳐서 포효하면
쓰나미로 밀려오는 바람
우주가 넘실거린다

날개를 접고도 오랜동안
가장 멀리
가장 높이
비행하는 빛
누가 이 성령의 새를
바보새라 부르는가
-「알바트로스」전문

 이 시를 감상하면서 죄의 속성으로부터 자유를 잃은 인간들의 삶을 반추할 기회가 되었다고 장담할 수 있다. 대한민국이라는 단순한 반도의 기질이 만들어낸 결과물 때문일까? 아니면 왜구의 수많은 침략을 받아 시련을 경험한 민족이자, 일제 35년 6개월의 식민지로 인한 수난의 결과물 때문인지, 6.25 한국전쟁으로 인한 패망의 수난기를 모질게 극복하고 선 민족성 때문에 그런 것인지는 잘 모르겠으나, 남이 잘되는 꼴을 보는 여유와 관용, 의연함이 턱없이 부족한 것 같다. 이 불온한 의식이 오늘날의 문학, 문화, 교육, 정치 밑바닥에 단단히 깔려있어서 긍정적 평가에 저해 요소가 되고 있다.
 조금만 가난하거나 신체의 장애라는 불편함을 지니고 살 때면, 상대보다 조금 부족하다 싶으면 함부로 대하는 갑질의 논란이 여전하다. 그런 이들을 향해서 시인은 다음과 같이 은유적 무언의 시적 표현으로 일침을 놓고 있다. "누가 이 성령의 새(알바트로스)를/바보 바보라 부르는가"

시 「성체를 모시며」에서 고백하고 있는 시인의 모습 "얼마나 많은 속세의 때 썹은 입인가/ 얼마나 궂은 오물 짓주무른 손인가/ 얼마나 많은 거짓을 숨긴 가슴인가" 그러므로 내 탓이요를 외치면서 조용히 서로를 용서하며, 일으켜 세워주며, 이해하고, 사랑하고, 용서하고, 배려하고, 누구에게나 다가올 그날을 위하여 몸과 영혼을 깨끗이 하면서 조용히 살자구요라는 뒷말이 메아리처럼 들려오는 듯하다.

잘 못 그린 얼굴인가
잘 못 생각한 사람인가
안타까운 삶
세상 읽는 눈을 잃었구료

얼굴은 그렸지만
귀와 코가 없는 사람
마음은 어디로 도망쳤을까
내 안에 너를 숨겨놓았나

아무리 찾으려 해도
보이지 않는
얼굴
그림자도 없는 유령인가
-「자화상」 전문

한 생애를 살아온 그 여정을 불현듯 돌아보거나 마주하면 참으로 할말이 많은 것 같으나 사실상 없다. 시시비비도 그렇게 중요성을 주장할 수가 없다. 더욱이 잘났다 말 할 수 없는 지경에 이르고 만다. 제아무리 부를 축적하고 권력과 명성을 드높였다고 하나 후대의 사람들에게는 별반 관심을 주는 사람의 수효는 턱없이 적기만 하다. 그래서 말년을 위한 또 다른 이미지를 젊은 날 잘 구축해 놓아야만 하는 것이 맞는 말이다. 어느날 불현듯 늙음에 이르러 당장 스케치하듯 만들어 지는 것도 아니다. 생각하는 로뎅의 이미지가 하루아침에 만들어지지 않았다는 것은 그의 살아온 면면이 그 이면에 잘 드러나 있기 때문이다.

김춘호 시인은 「자화상」에서 명확한 자신에 대해서 또 누군가에 대해서 자꾸만 의문의 부호를 가지고 접근을 한다. 그만큼 자신을 겸허하게 평가하고자 하는 스스로의 낮음이 이 온 마음에 스며 있다는 증표가 된다. 이것 하나 취하려고 하면, 저것 하나가 사라지려 하고, 이것 하나 획득하려고 하면, 저것 하나 잃거나 버려야 하는 것이 맞는 상황이며 원리인데, 우리의 욕심은 그렇게 쉬 긍정적 결론으로 내려지지 않는 것이 죄의 속성으로 인해 죄책감에 여전히 시달리고 고뇌하는 우리의 모습이라는 것을 우회적으로 알려주고 있다. 돌아보면 우리의 영혼과 육은 분리되어 눈에 보이지 않는 유한한 족속일 뿐이다. 위의 시는 이 지혜를 알기를 권면하고 전하는 일면의 아포리즘 형식의 작품이라고도 할 수 있다.

이제는 떠나렵니다

갈 곳 모를 저 호수 위 낙엽같은
포구에 뜬 주인 없는 빈배
나간다 나간다
얼마나 많은 날 곱씹었던가

머리가 터질듯 열이 오르면
마을버스 정거장까지
한달음에 닿아서
기척도 없는 뒤를
돌아보고 또 돌아보고

오십 년을 돌아보고
여기까지, 여기까지야
이제는 쉬고 싶다
저 임자 없는 빈배에 누워
바람 부는대로 흘러가고 싶다
-「빈 배」 전문

   이 시는 시인이 가장 나중까지 자신에게 그리고 가족과 지인들에게, 하느님께 드리고 싶어하는 가장 진실된 감정이 실린 고백의 시라고 할 수 있다. 이 시를 읽다가 다른 시 「아버지도 울 수 있다」에서 "어느날/ 아버지의 울음소리를 들었다"와 제2시집에 수록된 시 「가장의 무게」"왜 아침마다 아버지는/ 어머니 앞에 머리를 조아릴까/ 안타까운 눈길로 손을 내밀까// 더러 얽히고 막힌 일 때문인가/ 담배 좀 그만 피우시지/ 자칫 손가락 타겠네// 텅 빈 사무실/ 창

가로 등 돌려/ 허공을 헤매는 눈길/ 무슨 잘못이 있기에/ 고개를 땅바닥에 떨어뜨리고/ 무거운 짐 지고 허리 굽혀 계신가"를 연상시켰다.

　김춘호 시인은 분명 한 가정의 가장이시다. 그리고 죽도록 자신의 역량을 다 바쳐서 한 가정을 이끌었으며 사랑하는 아내와 세 딸을 모두 장성하여 분가시켰다. 또한 사업체도 남부럽지 않게 시인이 원하는 분야의 탑이 되게 하셨다. 그리고 얻은 것은 몸 곳곳이 기울어지는 지병과 허전함 그리고 시력의 불편한 현실에 직면한 것이다. 한 마디로 말해서 빈 배가 된 것이다.

　물론 우리 인간은 인생 말년이 되기까지 끊임없이 내려놓고 비워내란 주님의 말씀에 순종하여 살아야 하는데, 끊임없는 탐욕을 이기지 못하고 늙어서야 비로소 텅 빈 마음으로 허전함에 눈물 흘리며 신계로 나아가기 마련이다. 이렇게 떠나야 하는 석별의 정을 위의 시를 통해서 시인은 고백하고 회심의 미소를 짓고 있다.

　이 시와 함께 감상해야 할 시로서 백미를 뽑는다면「흉터」"돌아보고 또 돌아봐도/ 숨어 있는 아픔과 설움/ 흔적도 없는 가슴앓이/ 누구를 원망할 것인가/ 이제 와서 생각하니 모두 내 탓"와「고별」"여든 다섯 번이나 도전한 등정/ 그때마다 내가 나에게 속아서/ 다시 한 번 또 한 번 실족/ 너에게로 달려가 울먹인 바보// 얼마나 망설이고 반추했는가/ 입 안에서만 담금질 했던 말/ 행여 새어 나올까/ 몸살 앓던 그 한마디 '안녕!'"을 들 수 있다.

## 3. 시인이 추구하는 시들의 건강한 역할과 시인의 영혼과 육체적 눈의 밝음을 기도드리며

　　김춘호 시인의 작품들을 감상하면서 가슴이 먹먹해 옴을 지울 수가 없었다. 읽다가 시집을 덮어 놓기도 했고, 고의로 읽는 속도를 늦추어 보기도 했다.
　　가장인 필자와 또 다른 이웃하는 소시민으로서의 가장들의 삶을 반추하면서 김춘호 시인의 생애와 그 삶의 씨줄과 날줄로 엮은 숨 막힌 고백들을 가슴으로 들으면서 위안과 힘과 동병상련의 지독한 아픔을 나눌 수 있는 절호의 기회가 주어진 것에 감사의 마음으로 기도를 드리기도 했다.
　　이는 단연코 시문학이 아니면 그려낼 수 없는 시만이 가지고 있는 특징이며 동시에 생명력인 셈이다. 시인의 작품들이 그리고 그 작품이 그려낸 소재와 주제들 속에서 시인의 맑은 영성과 열심 있는 삶의 태도가 그랬고, 끊임없이 자신을 달련시키고 비워내는 기도의 생활로 인해서 죄짓지 않고 순수 신앙인의 모습 그대로를 유지하면서 살아오신 시인의 삶을 존경한다. 언론인과 출판인으로서의 사명을 다한 그 모습을 녹여내어 한 권의 시집을 집필한 삶에 감동했다.
　　그래서였을까 시인은 두 번째 시집『실로암 호숫가』'시인의 말'에서 다음과 같이 고백하고 있다. "인생이란 참 신기한 나들이 같다. 어쩌면 내가 살아온 삶은 내 의지에 의해 선택한 길이 아닌 이미 누군가에 의해 놓여 있던 술래의 길이 아닌가 싶다."
　　앞에서 필자는 김춘호 시인의 작품을 받고서 생각난 사

람이 헨리 데이빗 소로우라고 언급했다.

　헨리 데이빗 소로우가 지속적으로 고백하는 이 말이 김춘호 시인의 시인 인생에 큰 소망이 되고 좌표가 되기를 기대하면서 동시에 소로우의 삶과 김춘호 시인의 삶과 작품 세계로 인해서 독자들의 남은 삶에 있어서 큰 위로가 되기를 원해서 소개를 드린다.

　"시인은 몸마저도 다른 이들의 몸과는 다르게 길러진다. 그는 이따금 신들의 감로와 음식을 먹고 마시며 거룩한 삶을 산다. 그의 목숨은 기운을 돋구어주는 건강한 영감의 전율 덕분에 노년까지 병온하게 이어진다. 어떤 시는 그저 휴일에 읽어야 제격이다. 그런 시는 번지르르하고 달콤하지만, 설탕의 달콤함일 뿐이어서 시큼한 빵에 쓴맛을 주지는 않는다. 시인이 시에서 내는 호흡은 시인의 목숨을 이어주는 바로 그 호흡이어야 한다. 참된 시는 대중에게 널리 읽히는 시가 아니다. 종이에 인쇄되지는 않았으나, 참된 시를 낳게 한 시인의 삶으로 인쇄되는 시가 항상 존재한다. 그것이 바로 '시인이 자신의 작품을 통해 되고자 한 무엇'이다."

　이와 같이 김춘호 시인의 시적인 인생은 바로 종이 이면의 진실된 삶으로 보여준 시적인 인생을 충분히 살아오셨다고 보여지는 것이다.

　끝으로 소로우는 그의 또 다른 저서인『원칙 없는 삶』에서 아래와 같이 권면을 남기고 있다. 이는 이 글의 서두에서 말씀드린 바와 같이 헨리 데이빗 소로우의 사유적, 관찰

자적 삶이 김춘호 시인의 제3시집인 『고별』에 가 닿아 애독 愛讀하는 독자들과 그 이미지를 가슴에 문신화 시키고 살아가고자 하는 이웃하는 지인 모두에게 충정 어린 당부가 되기를 바란다.

"책은 사고방식과 생활방식에 큰 영향을 미치기 때문에 마음을 맑게 해 주는 책을 읽어야 한다. 통계나 뉴스, 보고서나 잡지, 그리고 소설 같은 것은 읽지 말고, 오로지 위대한 시를 읽어야 한다. 시가 많지 않을 때는 되풀이해서 읽거나 직접 자꾸 써 보는 것이 좋다. 많이 쓰는 게 우리의 독서 선택에 가치가 있을 것이다. 우리는 신에게 다른 제물 대신 매일 찬송과 시를 바침으로써 우리의 '온전한' 생각을 전할 수 있다."

김춘호 시인의 몇 권 시집 외에도 노트에 기록물로 담긴 소중한 흔적들로서의 작품들이 어느 날 헨리 데이빗 소로의 고백처럼 가장 의미있는 작품으로 읽혀질 그날을 기대해 본다. 또한 남은 시인의 여생에 놓인 그 지적 노동을 위한 시력과 건강이 잘 유지되거나 지탱해 주기를 확신하고 믿으면서 중보 기도를 드린다.

둥지 철학의 대가인 박이문 교수의 말년의 소망이 시인으로 호명되고 싶다는 소망을 가지고 다섯 권의 시집으로 그의 인생을 정리한 것처럼, 김춘호 시인의 삶 또한 시인으로서의 순수성과 진정성 모두를 한 몸에 누리는 계기로서의 아름다운 장식을 염원하는 그 기회가 되리라 믿으며 제3시집 『고별』의 울림을 기대해 본다.

세상이 제대로 된 중심을 잡기를 원한다. 세상이 올바른 소리를 들을 수 있는 영혼의 달팽이관이 제 자리를 찾아갈 수 있었으면 한다. 세상에서 사라진 혹은 도피한 지성인들이 다시 돌아와 부끄러움을 회개하고 옳은 소리를 쏟아놓는 시대가 도래하기를 원한다. 바른 소리를 청종치 못하는 시대의 아류들의 영혼의 귀가 열려 순수한 시인들의 고백과 지성인들의 소리를 귀담아 듣고 가슴에 새겨 올바로 행하는 거룩한 망명자 적 진군이 시작되었으면 참으로 좋겠다. 그 견인 역할을 김춘호 시인의 세 번째 시집에 걸어 본다.

　한 가지 기원하는 것은 이 시대가 아버지들이 마음 놓고 울 수 있는 시대이거나 아니면 아예 아버지들로부터 눈물을 거두어내는 책임과 긍정이 그리고 의미와 가치, 노력하는 그 수고의 대가가 이 시대의 아버지들 모두 행복하게 해 주기를!